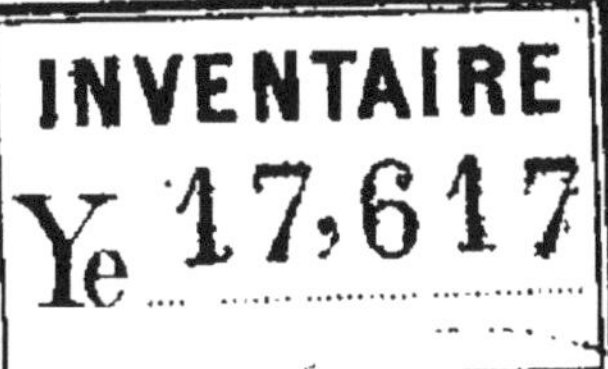

LE CHANSONNIER DE L'HYMEN.

RECUEIL

De très-jolies chansons, pour être chantées dans les repas de nôces, par les mariés et toutes les personnes qui en font partie.

PARIS,
LE BAILLY, LIBRAIRE,
27, quai des Augustins.

LE

CHANSONNIER

DE L'HYMEN.

RECUEIL

De très-jolies chansons, pour être chantées dans les repas de nôces, par les mariés et toutes les personnes qui en font partie.

PARIS,

LE BAILLY, LIBRAIRE,

27, quai des Augustins.

CHANSONS

POUR NOCES.

A UNE AMIE

LE JOUR DE SES NOCES.

Air : Avec Iseult et les Amours.

Du dieu qui t'enchaîne à jamais,
J'éprouvai la douce puissance ;
Mes jours dans ses nœuds pleins d'attraits,
S'écoulaient exempts de regrets ;
Je lui consacre ces couplets,
Tribut de ma reconnaissance.

Que je plains l'insensible cœur
Qui dans l'hymen voit l'esclavage !
Ah ! n'adopte point cette erreur !

L'hymen doit faire ton bonheur :
J'en ai pour garant ta candeur,
Et la fraîcheur de ton visage

Hommes légers, sexe inconstant,
Que l'attrait du plaisir entraîne,
Malgré l'amour du changement,
Avouez qu'il vient un moment
Où, pas à pas, le sentiment
Aux pieds de l'Hymen vous amène.

La liberté peut quelque temps
Séduire votre ame infidelle;
Elle permet tout à vos sens :
Eh ! quel est l'homme de vingt ans
Qui ne promène son encens
De la plus laide à la plus belle ?

A son tour l'Hymen indulgent
Vous offre un bonheur légitime ;
Une compagne, au front décent,
Au regard tendre, intéressant,
Un sentiment attendrissant,
Et la paix qui naît de l'estime.

A ces plaisirs délicieux
Immoler les plaisirs frivoles,
C'est, n'en déplaise aux envieux,
S'assurer des biens précieux,
Et pour le culte des vrais Dieux
Abjurer celui des idoles.

CONSEILS

A UNE JEUNE MARIÉE

Air : Gentille Boulangère.

Jeune et belle épousée,
Ecoutez un moment
Une morale aisée
Et toute en sentiment :
Qu'Amour soit votre apôtre,
Votre seul directeur :
Il en vaut bien un autre,
C'est l'apôtre du cœur.

Femme, soyez soumise,
Un grand saint vous l'a dit :
Mais ce saint quoiqu'il dise,
Contre l'Amour fléchit.
A son arrêt funeste
Opposez la douceur :
On règne sur le reste,
Quand on commande au cœur.

En amour comme en guerre,
Ceci soit dit tout bas,
Sans art et sans mystère
On ne réussit pas.
Qu'une simple parure
Relève vos appas :
Vénus sans sa ceinture
N'a jamais fait un pas.

Voulez-vous sur vos traces
Fixer le tendre Amour ?
Sacrifiez aux Grâces
Et la nuit et le jour ;
Surtout que la décence
Voile en vous le désir :
Gardez votre innocence,
Même au sein du plaisir.

Accordez avec peine,
Refusez sans aigreur ;
Avant qu'on vous obtienne,
Qu'il en coûte au vainqueur.
Pour faire un bon ménage,
Que toujours amoureux,
Autant qu'il sera sage,
Votre époux soit heureux.

A UN CAPITAINE DE VAISSEAU

LE JOUR DE SON MARIAGE.

Air : Charmant désert, tranquille solitude.

Vous voilà donc, aimable capitaine,
Sur d'autres flots embarqués pour toujours !
Courez, volez où l'Hymen vous entraîne ;
Pour matelots vous aurez les amours.

Un bon vaisseau, sous une bonne étoile,
Doit fendre l'onde avec agilité.
Il faut d'abord qu'Hymen enfle la voile
Et donne au mât plus de solidité.

Dirigez-le vers l'île de Cythère,
La Volupté vous prépare un séjour;
Et sur ces eaux, par un vent salutaire,
Souvent on mouille à la rade d'amour.

Plus d'un corsaire, armé dans ces parages,
Pour vous tromper change de pavillons;
Mais le moyen d'empêcher leurs ravages,
Est de doubler le feu de vos canons.

Si quelquefois l'aquilon vous balotte,
Intéressez Vénus à votre sort;
Que le Plaisir vous serve de pilote,
Et que l'Amour vous mène dans le port.

Débarquez vite. En voyageur habile,
Vous trouverez quelques lieux inconnus.
En visitant les beautés de cette île,
N'oubliez pas la conque de Vénus.

ÉPITALAME

POUR LE MARIAGE D'UN GUERRIER.

Air : Flora n'a pas besoin d'aïeux.

Présens du ciel, bienfaits charmans,
Tendre Amour, aimable Hyménée,
Vous seuls de nos plus beaux momens
Serrez la chaîne fortunée.

Qu'il est doux pour un jeune cœur
De vivre sous votre puissance !
L'Amour lui donne le bonheur,
L'Hymen lui donne l'innocence.

Des biens, jusqu'alors inconnus,
Viennent doubler sa jouissance :
Tous ses plaisirs sont des vertus,
Tous ses devoirs des récompenses.

Puissent les sermens de ce jour
Gardés, chéris toute la vie,

Donner des belles à l'Amour,
Et des héros à la patrie.

Heureux époux, vos descendans
Seront dignes de leurs modèles ;
Les fils du Lion sont vaillans
Ceux de la Colombe, fidèles.

COUPLETS D'UNE BELLE-MÈRE.

A SON GENDRE.

Air à faire.

Vous qui, par un hymen prospère,
Aujourd'hui devenez mon fils,
Vous serez bon époux, bon père.
Tous mes vœux seront accomplis.
Nouvel enfant de ma famille,
Aimez ma Lise, aimez la bien ;
Vous confier le bonheur de ma fille,
Ah ! n'est-ce pas vous confier le mien ?

A SA FILLE.

Air : C'est à mon maître en l'art de plaire.

Et toi ma fille, mon amie,
De l'Hymen quand tu suis la loi,
Ce dieu, qui désormais te lie,
Va bientôt t'éloigner de moi ;
Mais ne crains pas que la distance,
Puisse altérer notre bonheur ;
Souviens-toi que malgré l'absence,
Ta place est toujours dans mon cœur.

RONDE POUR UNE NOCE.

Air : Des Bordelais.

Amis, rendons hommage
A ce couple enchanteur ;
De ce joli ménage
Célébrons le bonheur.

L'épouse aimable et sage
Brille par sa candeur,
Et l'époux, en partage,
A l'esprit, un bon cœur.
Amis, etc.

Si d'un mari fidèle,
Tout le sexe aujourd'hui,
Cherche en vain le modèle,
On le verra chez lui.
Amis, etc.

Une épouse constante
Est chose rare encor,

Eh bien ! dans son amante
Il trouve ce trésor.
Amis, etc.

L'Hymen qui les engage
Aura mille douceurs,
Car l'Amour sans partage
Régnera sur les cœurs.
Amis, rendons hommage
A ce couple enchanteur,
De ce joli ménage
Célébrons le bonheur.

COUPLET

POUR UN MARIAGE.

Air : A tout âge on est sensible.

Après tant de soins, de peines,
Le dieu d'Hymen vous joint à ses domaines,
Et par les plus douces chaînes,
En ce jour,
Vient payer votre amour.

Que toujours son aimable ivresse
Soit le charme de votre jeunesse!
La vieillesse
Doit sans cesse,
A sa douceur,
La paix et le bonheur.

Après tant de soins, de peines,
Le dieu d'Hymen vous joint à ses domaines;
Et par les plus douces chaînes,
En ce jour,
Vient payer votre amour.

COUPLETS D'UNE JEUNE EPOUSE

LE JOUR DE SON MARIAGE.

Air: L'Amour est un enfant trompeur.

« L'Amour est un enfant trompeur, »
Me répétait ma mère,
« Ma fille, défends bien ton cœur
Contre ce téméraire! »

Attentive, matin et soir,
Je le redoutais, sans savoir
Le mal qu'il pouvait faire.

Le dieu que ma mère outrageait
Par ce discours sévère,
Jura qu'un jour il punirait
Cette humeur trop altière ;
Mais il avait beau m'assiéger,
Je bravais gaîment le danger
A côté de ma mère.

Enfin, d'un air modeste et doux,
Déguisant sa colère,
Sous les traits de mon jeune époux
Parut le téméraire :
Ah ! me dis-je, en le regardant,
Ce n'est pas là le dieu méchant
Dont me parle ma mère.

Hélas ! il a su m'engager
Par sa douce magie ;
Mais je saurai bien me venger
De cette perfidie ;
Puisqu'il s'est mis entre nous deux,
Je veux par mille et mille nœuds,
L'y fixer pour la vie.

COUPLETS

CHANTÉS A UN REPAS DE NOCE.

Air : Amusez-vous, jeunes fillettes.

Quand une fille ou garçon du même âge
A se voir trouvent du plaisir,
Leurs yeux parlent certain langage
Que d'autres ne peuvent saisir :
Désir secret se fait entendre ;
On y croit à peine, et déjà,
Sous le nom d'une amitié tendre,
Tra dera là,
L'Amour est là.

Bientôt il se fait mieux connaître
(Car l'Amour se déguise en vain) ;
Mais c'est quand il s'est rendu maître
Des cœurs dont il fit le larcin :
Il brûle, il étend ses ravages :

Eh ! quel remède à ce mal là !...
Amans, voulez-vous être sages ?
Tra dera là,
L'Hymen est là.

AUX ÉPOUX.

Jeunes gens, un doux hyménée
Pour jamais vient de vous unir,
Et j'entends l'heure fortunée,
Qui pour vous marque le plaisir,
Dans son alcôve solitaire
Bientôt ce dieu vous conduira...
« Chut ! dit-il, d'un air de mystère,
» Tra dera là,
» L'bonheur est là. »

POUR UN MARIAGE.

AIR : Jupiter, un jour, en fureur.

On raconte qu'Hymen, un jour,
Voulant régler son vaste empire,
Sur les lois qu'il devait prescrire
Prit les avis de l'Amour,
Écoutez quelques mots du Code
De ce charmant législateur :
Pour arriver au bonheur,
Retenez sa méthode.

Que l'épouse dans son printemps,
Possédant bien son art de plaire,
Et vive sans être légère,
Sache aimer à dix-sept ans ;
Que d'une âme novice encore
Son regard peigne la candeur,
Et promette à son vainqueur
Des plaisirs qu'elle ignore.

Pour mieux jouir du doux moment
Où l'Amour lui-même préside,
Que d'abord la beauté timide
  Résiste, mais faiblement.
Employez la force et l'audace,
Tendre amant, fuyez le repos,
  Et combattez en héros,
    Pour emporter la place.

Bientôt un feu délicieux
Pare son front et le colore,
Et le désir qui la dévore
  Étincelle dans ses yeux.
C'est le moment de la victoire ;
Guerrier, couronnez vos exploits,
  Et moissonnez à la fois
    Et le plaisir et la gloire.

Ainsi dans les fastes charmans
Qu'écrivit une main divine
J'ai lu vingt fois à la sourdine
  Tous les secrets des amans.
Pratiquez ce galant mystère,
Et dans neuf mois un bel enfant
  Pourra rendre à la maman
    Les baisers de son père.

COUPLETS POUR UN MARIAGE

Air : Tarare, Pompom.

Dans ce jour trop heureux
Permettez que j'exprime
Le zèle qui m'anime
Pour chacun de vous deux ;
Je sais qu'on ne voit guère,
Dans un même séjour,
L'Hymen avec son frère
L'Amour.

Amis, à ces époux
Chantons, buvons sans cesse !
Qu'une joyeuse ivresse
S'empare de nous tous.
Dans leur humble chaumière,
Célébrons tour à tour
Et l'Hymen et son frère
L'Amour.

Pour ces faibles couplets
Je crains peu la critique ;
Et quoique sans logique
L'Amitié les ait faits,
Ils m'obtiendront j'espère,
Quelque peu de retour,
Chez l'Hymen, chez son frère
L'Amour.

POUR L'ANNIVERSAIRE

D'UN MARIAGE.

Air : C'est la petite Thérèse.

Quoi ! douze ans de mariage
N'ont pas éteint tous vos feux ?...
Amis, pourtant c'est l'usage
De n'être plus amoureux....
Devant l'Amour, l'Hymen cloche ;
Mais je vois, en ce moment,
Qu'époux de la vieille roche,
Vous vous aimez constamment.

Moi, je compare à la rose
Une épouse qu'on chérit ;
Le jardinier qui l'arrose,
C'est l'époux, sans contredit ;
Son arrosoir, si prospère,
Fait pousser des rejetons,
Et de cette rose-mère,
Les enfants sont les boutons.

Chantons donc l'anniversaire
Du plus fortuné lien ;
Si la chanson peut vous plaire,
Mes amis, tout ira bien ;
Si les vers sont sans mérite,
Pour noyer ce grand chagrin,
Je vais avaler, de suite,
Ce petit verre de vin.

A DE NOUVEAUX ÉPOUX.

Air : Heureux habitans des campagnes !

Enfin le Dieu de l'hyménée
Allume pour vous son flambeau,
Et de sa chaîne fortunée
L'Amour allège le fardeau.
Puissent toujours ces Dieux propices,
Près de vous être bons amis !
Puissent vos cœurs, sous leurs auspices,
Des vertus recueillir le prix !

Si quelque mésintelligence,
Un jour, se glissait parmi vous,
Souvenez-vous que l'indulgence
Est le premier bien des époux.
Au sein du plus heureux ménage,
Qu'un peu d'humeur trouble un beau jour :
Rassurez-vous, c'est un nuage
Qu'a bientôt dissipé l'Amour.

COUPLETS POUR UNE NOCE.

Air : Vous m'ordonnez de la brûler.

L'Hymen s'annonce dans ces lieux
 Sous les plus doux auspices ;
Car l'Amour, le plus grand des Dieux,
 Les lui rendra propices.
Il a blessé des mêmes traits
 Deux cœurs faits l'un pour l'autre :
Heureux époux, quel sort jamais
 Égalera le vôtre !

Sans être un grand sorcier, je lis
 Dans votre destinée :
Avant un an naîtront des fruits
 D'un si bel hyménée ;
Nous verrons toujours le bonheur
 S'empresser sur vos traces :
Peut-il faire trop en faveur
De l'Amour et des Grâces?

COUPLETS

CHANTÉS PAR UN JEUNE MARIÉ, LE JOUR DE SES NOCES.

Air : Il faut des époux assortis.

Qu'il est doux de se voir unis
Par les liens du mariage !
On jouit, on sent tout le prix,
D'un bonheur pur et sans nuage ;
Pourrait-il me fuir ce bonheur
Près d'une épouse jeune, aimable,
Dont les vertus et le bon cœur
Le rendront à jamais durable ?

A SON PÈRE.

Vous qui toujours de votre fils
Fûtes l'ami le plus fidèle,
Je veux en tout temps, si je puis,
Prendre vos vertus pour modèle.

A vous prouver tout notre amour
Nous nous attacherons sans cesse,
Et nos enfants seront un jour
Le soutien de votre vieillesse.

A UNE COUSINE,

LE JOUR DE SES NOCES.

Air : L'amour, ainsi que la nature. (Fanchon.)

Ces couplets faits à la hâte
N'auront-ils rien qui te flatte,
Cousine ? C'est moins l'esprit
Que le cœur qui les écrit.
A ce titre, je suis sûre
Que ma chanson te plaira ;
Car l'Amour et la Nature
Aiment ces impromptus là.

Nous verrons, dans ton ménage,
Aux fleurs que sur ton passage
Va faire éclore l'Amour,

Des fruits s'unir à leur tour ;
Et cette richesse sûre
Tous les ans s'augmentera ;
Car l'Amour et la nature
Aiment ces récoltes là.

De la chaîne qui vous lie,
Que tous les jours de la vie
Vous rappellent les plaisirs
Et rallument vos désirs !
Leur image douce et pure
Un jour vous rajeunira ;
Car l'Amour et la nature
Aiment ces souvenirs là.

De la gaîté qui m'inspire
Partageant l'heureux délire,
A la santé des époux,
Buvons, amis, buvons tous.
Ma tête qui n'est pas sûre,
Peut-être s'étourdira ;
Mais l'Amour et la nature
Aiment cette ivresse là.

A DE JEUNES EPOUX.

Air : L'hymen est un lien charmant.

De tous les Dieux, le plus charmant
Préside aux nœuds de l'Hyménée :
Ces nœuds de votre destinée
Embelliront chaque moment ;
Mais une flamme passagère
Les rend malheureux à jamais ;
Pour que leur trame soit légère,
Amour en doit faire les frais,
Et se fixer près de son frère.

Si vous voulez, jeunes époux,
Savourer le bonheur suprême,
Chérissez-vous toujours de même,
Et gardez bien d'être jaloux.
Cette règle par vous suivie
Avec une constante ardeur,
Pour tous les jours de votre vie
Sera le gage d'un bonheur,
D'un sort vraiment digne d'envie.

A MON ÉPOUSE,

EN SORTANT DE L'AUTEL.

Air : Je t'aime tant.

Que je désirais ce moment !
Les chaînes les plus fortunées,
A celles du plus tendre amant,
Viennent d'unir tes destinées.
Le temps chemine pas à pas
Quand on fournit seul la carrière ;
Mais à deux il n'est jamais las,
Et sa course est bien plus légère.

Toujours plus ardent, mieux épris,
Je veux, en dépit de l'usage,
Prouver à messieurs les maris
Qu'on peut être heureux en ménage.
Je prétends, exempt de détours,
De soucis et d'humeur jalouse,
A jamais consacrer mes jours
Au bonheur de ma jeune épouse.

COUPLETS POUR UN MARIAGE.

Air : Ne v'là t-il pas que j'aime.

Jeunes époux, dans notre cœur
Que ne pouvez-vous lire
Le plaisir que votre bonheur
En secret nous inspire !

Parmi nous, dans ce beau moment,
Chacun, je le parie,
Croirait presque, au plaisir qu'il sent,
Que c'est lui qu'on marie.

A LA MARIÉE :

Saint-Paul dit un peu durement :
Femme, soyez soumise !
Ne pensez pas que votre amant
Adopte sa devise.

Un époux galant, amoureux,
Plein d'une douce ivresse,

Fait, du tendre objet de ses feux,
Sa reine et sa maîtresse.

Sur le plus heureux des époux
Régnez en souveraine ;
Qu'à chaque instant, à vos genoux,
Un nouveau nœud l'enchaîne !

Surtout ne craignez pas un jour
Que son cœur se dégage ;
Dans les fers des Grâces, l'Amour
Bénit son esclavage.

AUX DEUX ÉPOUX

Sachez apprécier toujours
Le bonheur d'être ensemble ;
Qu'à jamais chacun de vos jours
Au premier jour ressemble !

LA FÊTE DE LA CINQUANTAINE.

Air : J'en touchais si joliment.

Que de biens vous rassemblez !
Ils sont tous votre partage :
Pour vous se sont écoulés
Cinquante ans de mariage.
La paix de votre ménage
En a signalé le cours ;
Et tous, à vos yeux, je gage,
Ont passé comme des jours.

Conservez bien ce trésor
Pour votre aimable vieillesse,
Et, dans cinquante ans encor,
Célébrez votre tendresse.
Il vous doit ce sort flatteur ;
Vous nous reverrez sans cesse
Heureux de votre bonheur.

A EULALIE

LE JOUR DE SON MARIAGE.

Air : Je l'ai planté, je l'ai vu naître

L'aveugle Amour, mon Eulalie,
Revoit enfin l'astre des cieux ;
Avec la Sagesse il s'allie,
Son bandeau tombe de ses yeux.

Tu quittes ta douce patrie,
Mais c'est pour suivre un tendre époux ;
Qu'importe où s'écoule la vie,
Lorsque l'Amour est avec nous.

Tu songeras à ta famille,
Pour mieux élever tes enfans :
Et puisse le cœur de ta fille
Te rendre un jour tous tes parens.

Des jeux de ta paisible enfance
Rappelle souvent les plaisirs :

Le souvenir de l'innocence
Est le plus doux des souvenirs.

D'Amitié l'aimable constance
Nous promet de garder ton cœur ;
Et, pour supporter ton absence,
Nous parlerons de ton bonheur.

Donne à l'Amour sa récompense,
Donne à l'Hymen tes plus beaux jours
L'Amitié perdra ta présence,
Mais ses vœux te suivront toujours.

Ah ! crois-en son pouvoir suprême ;
Non, l'absence n'est qu'une erreur.
On ne quitte pas ceux qu'on aime,
On les emporte dans son cœur.

POUR LE MARIAGE

DE ZÉPHIRINE.

Air : Jeunes amans cueillez des fleurs.

Aimez-vous les divers talens ?
Une voix flexible et sonore ?
Sur le clavier des doigts brillans ?
Les pas légers de Terpsichore ?
Aimez-vous un esprit sans art
Où toujours la grace domine ?
Aimez-vous la beauté sans fard ?
Choisissez une Zéphirine.

Cet ensemble est rare, dit-on ·
Quand il se trouve l'on assure
Que souvent l'affectation
Gâte ces dons de la nature :
Alors ils perdent tout leur prix ;
Alors les fleurs ont des épines.
Croyez-moi, messieurs, dans Paris,
On voit bien peu de Zéphirines.

Il est beau durant l'âpre hiver
D'aller conquérir un royaume,
De terrasser l'Anglais si fier,
De vaincre *Mack*, et Naple et Rome ;
D'arrêter le Russe trois fois,
Et d'effrayer au loin Messine ;
Mais il manquait à ces exploits
La conquête de Zéphirine.

LE LENDEMAIN DES NOCES.

Air : Gai, gai, gai, mon officier.

Eh ! gai, gai, gai, ne craignez rien,
Gentilles,
Jeunes filles,
Eh ! gai, gai, gai, ne craignez rien,
Suzon se trouve bien.

Quand vos quinze ans arrivent,
Vous soupirez tout bas ;
Mais si les jours se suivent,
Ils n'se ressemblent pas.
Eh ! gai, etc.

Hier, au gré de ma flamme,
Avec elle on me fiança ;
Hier, ell'devint ma femme.
Je vais vous conter ça.
Eh ! gai, etc.

On dîna sous l'ombrage ;
Et j' disais, à part moi :
« C'est un bien bel usage
D'rentrer chacun chez soi ! »
Eh ! gai, etc.

Tout l'village à l'envie,
But à notre santé ;
J' répliquai que d' ma vie
Je n' m'étais mieux porté.
Eh ! gai, etc.

Lubin eut la jarr'tière ;
Mais j'étais ben certain
Que j' serais dans ma chaumière,
Plus adroit que Lubin.
Eh ! gai, etc.

Au sortir de la danse,
L'Amour et l'Amitié

M'amenèrent en cadence
Ma naïve moitié.
Eh ! gai, etc.

J'étais content d'la fête
Qui v'nait de se passer;
L'autre était toute prête,
J'brûlais d'la commencer.
Eh ! gai, etc.

La mère, qui sait vivre,
Doucement s'en alla;
Suzon voulait la suivre,
Mais l'amour était là.
Eh ! gai, etc.

Suzon s'voit sans défense;
Jugez d'son embarras.
Sa timide innocence
Vient s' cacher dans mes bras.
Eh ! gai, etc.

Son fichu blanc s'entr'ouvre
La rose est sous ma main;
A m'sur' qu'on en découvre,
On fait un joli ch'min.
Eh ! gai, etc.

P'tit à p'tit moins honteuse,
Suzon craint d'me r'buter ;
Puis elle d'vient curieuse,
Preuv' qu'elle veut profiter.
Eh ! gai, etc.

Tandis qu'Suzon s'rassure,
Voilà qu'sans l'fair' exprès,
l' n'lui reste d'parure
Quasi... que ses attraits.
Eh ! gai, etc.

Nous étions sans lumière,
Suzon v'nait d'la souffler ;
Mais quand l'désir éclaire,
On trouve à qui parler.
Eh ! gai, etc.

Le jour allait éclore,
Que j'n'avais pas tout dit;
Et, drès avant l'aurore,
Suzon montra d'lesprit.
Eh ! gai, etc.

Ce soir ce s'ra de d'même;
Et v'là, quand on est fin,

Comm' on forme c'qu'on aime
Du soir au lendemain,
Eh! gai, gai, gai, ne craignez rien,
Gentilles,
Jeunes filles,
Eh! gai, gai, gai, ne craignez rien,
Suzon se porte bien,

GARÇON A MARIER.

Air du vaudeville de Jean Monet.

S'il est une demoiselle
Qui désire un bon époux,
L'occasion est fort belle,
J'en connais un des plus doux;
Il est vieux,
Mais tant mieux,
Car si madame sait plaire,
Il lui permettra de faire
Un, deux ou trois amoureux. (ter.)

Sans compter cet avantage,
Qui peut avoir des attraits,

Le mari, je le présage,
Ne le blâmera jamais ;
Car il est
Sourd-muet,
Et c'est une bonne affaire
Si l'on juge nécessaire
D'avoir un époux discret.

On est toujours mécontente
Avec un mari brutal ;
Mais celui qu'ici je vante
Ne pourra faire aucun mal ;
Car son lot,
Aussitôt
Qu'on maltraite le Cassandre,
Est d'avoir tout sans rien rendre,
Attendu qu'il est manchot.

Parfois l'homme est infidèle,
Celui-ci sera constant,
Et ne quittera sa belle,
J'en suis sûr, qu'en expirant.
Pour courir
Au plaisir
Il ne se croit plus ingambe ;

Car il n'a plus qu'une jambe
Qui ne peut le soutenir.

Dans sa plus tendre jeunesse
Il avait de fort beaux yeux :
Je le dis avec tristesse,
Il les a perdus tous deux.
Dans ce cas,
L'embarras
Qu'il donne a son avantage :
On aime dans le ménage
Un mari qui n'y voit pas.

Si ce portrait là vous tente,
Dites-le moi sans rougir,
Et demain je vous présente
L'ojbet qui se fait offrir.
Tout son or,
Son trésor,
Sa femme en sera gardienne ;
Mais il attend qu'il lui vienne,
Car il n'en a pas encor.

L'HEUREUX MARIAGE.

Air connu.

On dit que le mariage,
Est le tombeau de l'amour,
Que jamais dans le ménage
On ne cueille d'heureux jour.
Mais depuis que de Colette
L'Amour m'a rendu vainqueur,
J'ai gravé sur ma houlette:
Jour fortuné pour mon cœur !

Au temple de l'hyménée
J'ai perdu ma liberté :
Mais un bien, tout en idée,
Doit-il être regretté :
Ce qu'on prend pour une peine
Doit fixer tous nos désirs,
Quand le nœud qui nous enchaîne
Est formé par les plaisirs.

Nous n'avons qu'une même âme;
Qu'un esprit, qu'un sentiment.
Et l'amour qui nous enflamme
Est toujours vif et constant;
Les plaisirs, comme la peine,
Tout est commun entre nous;
En portant la même chaîne,
Le fardeau devient plus doux.

Dans notre petit ménage,
Point de bruit, point de fracas,
Et jamais le voisinage
Ne se plaint de nos débats.
Si quelque léger grabuge
Survient, par un contre-temps,
Nous prenons l'amour pour juge,
En lui payant ses dépens.

Quelquefois, quand, par l'ouvrage,
L'esprit rêveur, tracassé,
Je traîne à peine au village
Mon pauvre corps harassé,
Je reçois de ma Colette
Les soins le plus empressés;
Dans mes bras elle se jette,
Et tous mes maux sont passés.

Le faste de la fortune
Est pour nous peu séduisant ;
Bien souvent il importune,
Plus qu'il ne nous rend content :
Une honnête suffisance
Nous exempte de tout soin :
N'est-on pas dans l'abondance,
Lorsque l'on est sans besoin ?

L'austère philosophie
Nous enseigne, bien à tort,
Qu'on ne peut dans cette vie
Se promettre un heureux sort.
Raisonneurs à l'aveuglette,
Revenez de votre erreur :
Trouvez une autre Colette,
Et vous croirez au bonheur.

DEUX A DEUX.

Air : Il faut de la santé pour deux.

Ce fut jadis plaisir extrême
Pour nos bons et premiers parens,

De voir ce jardin que Dieu même
Orna d'un éternel printemps.
Mais en recevant la lumière,
Le moment le plus doux pour eux,
Fut de trouver que sur la terre
Ils étaient placés deux à deux.

Seul on languit, rien ne sait plaire,
Quand, deux à deux, tout s'embellit;
Seul, on se tait, tout est sévère;
Deux à deux l'on chante et l'on rit.
C'est deux à deux qu'on plaît, qu'on aime :
Seul, l'égoïste est malheureux;
L'Hymen, l'Amour, l'Amitié même,
Veulent que l'on soit deux à deux.

Là, deux coursiers d'un pas rapide
Entraînent deux amans heureux
Dans un char léger, qu'Amour guide,
Qu'il fit pour être deux à deux;
Ici, c'est la troupe légère
Du Vaudeville, enfans joyeux,
Qui, pour être sûre de plaire,
Souvent se placent deux à deux.

De Mars, une troupe guerrière,
Deux à deux part pour les combats,

Et, dans son ardeur meurtrière,
Deux à deux donne le trépas.
L'Amour qui, par un sort contraire,
Veut que ses soldats plus heureux
Réparent les maux de la guerre,
Les range à son tour deux à deux.

Volant toujours de belle en belle,
Et pourtant par l'Hymen lié,
Linval à la mode est fidèle
Plus encore qu'à sa moitié :
A son tour, sa femme est volage ;
C'est qu'elle dit qu'à tous les jeux,
Même à celui du mariage,
Il est bon d'être deux à deux.

Loin de sa compagne fidèle,
Entendez les sons douloureux
De la plaintive tourterelle ?
Ils disent qu'il faut être deux.
Heureux l'ami, la tendre amie,
Qui, liés par les plus doux nœuds,
Suivraient la route de la vie,
Et la finiraient deux à deux !

LE CÉLIBATAIRE,

CHANSON DE NOCE.

Air : Eh ! le cœur à la danse.

Du célibat fidèle appui,
Je vois avec colère
L'Amour essuyer aujourd'hui
Les larmes de son frère.
Grâces, talens et vertus
Ont droit à mille tributs.
Mais un célibataire
Ne peut chanter des nœuds si doux :
On n'aura rien à faire
Chez de pareils époux.

Monsieur prend femme, c'est fort bien ;
Il la prend jeune et belle ;
Mais, comptant ses amis pour rien,
Monsieur la prend fidèle.
Il faudra, dans cinquante ans,
Célébrer leurs feux constans.

Non, tout célibataire
Ne peut chanter des nœuds si doux :
On n'aura rien à faire
Chez de pareils époux.

Morbleu ! qui n'aurait de l'humeur
En pensant que madame
De monsieur fera le bonheur,
Bien qu'elle soit sa femme ?
Jours de paix et nuits d'amour ;
Le diable y perdra son tour.
Non, tout célibataire
Ne peut chanter des nœuds si doux :
On n'aura rien à faire
Chez de pareils époux.

Encor si l'Amour avait pris
Une dîme en cachette !
Mais le plus heureux des maris,
En quittant sa couchette,
Demain se pavanera
Et les mains se frottera...
Non, tout célibataire
Ne peut chanter des nœuds si doux :
On n'aura rien à faire
Chez de pareils époux.

CONFESSION MUTUELLE.

Air nouveau de Doche.

LE MARIÉ.

Longtemps la beauté
Reçut mon hommage,
Et je fus cité
Comme très volage.
Mais de vos attraits
Mon âme est charmée ;
Mon cœur à jamais
Perd sa renommée...
Mes derniers amours
Dureront toujours.

LA MARIÉE.

Mon cœur de l'amour
Craignant l'inconstance,
Jusques à ce jour
A fui sa puissance...
Mais quand de mon cœur

Il devient le maître
A ce dieu vainqueur
Il faut se soumettre :
Mes premiers amours
Dureront toujours.

LES DEUX MARIÉS.

Air : Chœur de Robin des bois.

Au gré de nos vœux
L'hymen nous engage ;
Enfin dans not' ménage
Nous allons être heureux,
Tout nous présage
Un av'nir enchanteur ;
Le jour de not' mariage
Est un jour de bonheur.
Heureux d'avance,
Si l'indulgence
Nous laiss' l'espérance,
Rien ne nous manquera.
Tra la, la. la.

A UN JEUNE MARIÉ

QUI EMBRASSAIT SA JEUNE ÉPOUSE EN PUBLIC.

Air : Rien, tendre amour (de Gulnare.)

Jeunes époux ! l'amour est peu de chose ;
Ah ! de ce peu sachez au moins jouir.
De vos baisers n'échauffez pas la rose,
Si vous voulez prolonger le plaisir. (bis.)

Dans sa fraîcheur elle plaît, elle enchante ;
En se fanant, elle ne séduit plus,
Si vous aimez cette trop tendre amante,
Épargnez-lui des regrets superflus.

De vos baisers modérez la tendresse ;
Ne risquez pas, pour le plaisir d'un jour,
Tout le bonheur d'une longue jeunesse,
Qu'en un instant peut perdre trop d'amour.

Jouissez donc, mais que ce soit en sage !...
Soignez le fonds, vivez des revenus ;
Que l'étourdi ruine le jeune âge !
Que le prudent le dépense en Crésus !

A UN AMI

LE JOUR DE SON MARIAGE.

Air : Que j'enrage d'aimer Nicaise.

Toi, dont l'heureuse destinée
Voit s'élever en ce beau jour
La tendre rose d'hyménée
Sous le souffle ami de l'Amour.
De cette fleur timide encore,
Apprends à bien savoir jouir
Hâte-toi de la faire éclore,
Empêche-la de se flétrir.

Pour cette rose fortunée
N'épargne ni travaux, ni soins ;
Ne les plains pas dans la journée,
Dans la nuit plains-les encor moins.
Cette épine qui l'environne
Ne te défend pas d'en jouir ;
C'est une peine qu'elle donne,
Mais pour ménager un plaisir.

Qu'au matin l'aurore nouvelle
Ait des pleurs pour la rafraîchir,
Qu'au soir le zéphire fidèle
Ait des baisers pour l'en couvrir.
Embellis sa tige chérie
De quelques tendres rejetons ;
Rose toute seule est jolie,
Elle est belle avec ses boutons.

A ton sort si je porte envie,
Ami, tu me pardonneras.
Fille jeune, et de plus, jolie,
Est fort de mon goût ici-bas ;
Et si l'amitié, pour te plaire
Remplace l'amour dans mon cœur.
J'enrage de priver le frère
De ce que je donne à sa sœur,

TOUT COMME A FAIT MA MÈRE.

Air de Camille.

On nous dit que dans l'mariage
On peut espérer d'heureux jours ;
Qu'il est bien queuqu' moments d'orage
Mais qu' par bonheur ceux là sont courts.
Dam ! dam ! dam ! ça s'peut bien,
Dam ! dam ! j' n'en savons rien,
Mais sur ça faudra toujours faire
Tout comme a fait ma mère.

On nous dit aussi qu'en ménage
Plus d'un époux est inconstant ;
Qu'si monsieur s'avis' d'êtr' volage,
Madame doit en faire autant.
Dam ! dam ! dam ! ça s'peut bien,
Dam ! dam ! j'n'en savons rien ;
Mais sur ça faut bien encor faire
Tout comme a fait ma mère.

J'me souviens, j'me souviens qu'mon père
Souvent la grondait sans pitié,
Et qu'alors ell', tout au contraire,
N'y répondait qu'par d'l'amitié
Dam ! dam ! dam ! sans doute c'est bien,
Dam ! dam ! je n'blâmons rien...
Mais sur ça je n'promets pas d'faire
Tout comme a fait ma mère.

TENDRE ASSURANCE.

Air : de Blaise et Babet.

Si je cessais d'être la même,
Si mon teint perdait sa fraîcheur,
Ne vois que ma tendresse extrême,
Ne me juge que sur mon cœur.
Souviens-toi que la fleur nouvelle
Ne vit et ne brille qu'un jour,
Mais que ma flamme est éternelle :
Pour moi ma vie est mon amour.

A UN AMI SUR SON MARIAGE.

Air : Te bien aimer, ô ma chère Zélie.

Enfin, l'hymen t'engage daus ses chaînes ;
Le tendre amour a comblé tous tes vœux ;
L'obje charmant qui fit jadis tes peines
A ressenti la douceur de ses nœuds.

O mon ami, goûte en paix tous les charmes
De l'union qui comble tes désirs !
Vis sans chagrin ; que jamais les alarmes
De ton hymen ne troublent les plaisirs.

Fais le bonheur de celle qui t'est chère,
Ton cœur le doit ; mais ne sois pas jaloux :
Ce vice affreux, si commun sur la terre,
Fait le tourment des amans, des époux.

Sous un soupçon ou faux, ou peu croyable,
L'on se permet d'outrager la beauté ;
L'épouse peut le rendre véritable
Pour nous punir de l'avoir inventé.

LE MOT J'AIME.

Ah ! pour l'amant le plus discret !

LE MARIÉ.

Guidé par un espoir flatteur,
Séduit par un charme suprême ;
Je l'ai prononcé le mot j'aime,
Premier présage du bonheur !
Dire j'aime, pour un cœur tendre,
Ah ! crois-moi, jamais ne suffit ;
Ce mot n'est rien quand on le dit,
Il est tout lorsqu'on peut l'entendre.

LA MARIÉE.

Lorsqu'on nous dit j'aime, je crois
Qu'on peut, sans blesser la décence,
Sans même donner d'espérance,
L'entendre une première fois.
Mais ce mot si doux et si tendre,
Qu'en secret on aime à penser,
N'est-ce donc pas le prononcer,
Lorsque deux fois on peut l'entendre ?

LE MARIAGE DÉSIRÉ.

Air : des trois Fermiers.

Faut attendre avec patience;
Ce jour de d'main, est un biau jour,
Grande est, dit-on, la différence
Entre l'mariage et l'amour,
Quoi! le contrat qui nous engage
Change queuqu'chose à notre humeur !
Il fait que j'aimons d'avantage,
Si j'en juge d'après mon cœur. (bis.)

Quand Louis me dit : Ma Louise,
Je t'aime et n'aimerai que toi,
Sans le vouloir, il faut que j'dise,
Je t'aime cent fois plus que moi,
Il me jure amour éternelle,
Et Louis n'est pas un menteur ;
Il me sera toujours fidele,
Si j'en juge d'après mon cœur.

Queu sujet aurais-je de craindre !
Mon Louis sera mon mari :
Je n'aurai jamais à m'en plaindre,
C'est l'amour qui me l'a choisi.
Je suis aimée autant que j'aime.
Rien n'est égal à mon bonheur,
Et toujours il sera de même,
Si j'en juge d'après mon cœur.

LE COIN DE L'AMITIÉ.

COUPLETS CHANTÉS PAR UNE DEMOISELLE A UNE JEUNE MARIÉE, SON AMIE.

Air du vaudeville de la Partie carrée.

L'Amour, l'Hymen, l'Intérêt, la Folie,
Aux quatre coins se disputent nos jours.
L'Amitié vient compléter la partie,
Mais qu'on lui fait de mauvais tours !
Lorsqu'aux plaisirs l'âme se livre entière,
Notre raison ne brille qu'à moitié,
Et la Folie attaque la première
Le coin de l'Amitié.

Puis vient l'Amour, joueur malin et traître,
Qui de tromper éprouve le besoin.
En tricherie on le dit passé maître,
Pauvre Amitié, gare à ton coin !
Ce dieu jaloux, dès qu'il voit qu'on l'adore,
A tout soumettre aspire sans pitié.
Vous cédez tout, il veut avoir encore
Le coin de l'Amitié.

L'Hymen arrive : oh ! combien on le fête !
L'Amitié seule apprête ses atours.
Mais dans les soins qu'il vient nous mettre en tête
Il nous renferme pour toujours.
Ce dieu, chez lui, calculant à toute heure,
Y laisse enfin l'Intérêt prendre pied,
Et trop souvent lui donne pour demeure
Le coin de l'Amitié.

Auprès de toi nous ne craignons, ma chère,
Ni l'Intérêt, ni les folles erreurs.
Mais aujourd'hui que l'Hymen et son frère
Inspirent de crainte à nos cœurs !
Dans plus d'un coin, où de fleurs ils se parent,
Pour ton bonheur qu'ils règnent de moitié ;
Mais que jamais, jamais ils ne s'emparent
Du coin de l'Amitié.

L'ÉPOUSE SOUMISE.

Air : Ah ! si mon mari me voyait !

C'est à vous seul à commander,
Mon seul but sera de vous plaire.
Quand la modiste ou la lingère
Viendra pour se faire solder,
S'il s'agit de robe nouvelle,
Ou de quelque bonnet garni,
Je leur dirai : mademoiselle,
Ah ! demandez à mon mari.

Vos désirs seront tous mes vœux,
Car je serai docile et sage ;
Et si dans notre voisinage
Il survenait quelqu'amoureux ;
S'il disait que son cœur soupire
Et qu'il veut être mon ami,
Moi, je saurai toujours lui dire :
Ah ! demandez à mon mari.

FILLE A MARIER.

100,000 F. DE DOT.

Air : Ah ! votre prévoyance est vaine.

Jeunes gens, vieux célibataires,
Qui n'avez pas de femme à vous,
Et qui voulez devenir pères,
Ou du moins devenir époux ;
Courez à ma fille Céleste
Offrir vos vœux et votre encens ;
Je ne crains pas qu'elle me reste :
En dot elle a... cent mille francs.

Ma Céleste est fort économe,
Mange fort peu, boit encor moins ;
Au dîner de son petit homme
Elle apportera tous ses soins.
Des cuisiniers que l'on renomme
Elle possède les talens ;
Si son époux est gastronome,
Cela vaut bien dix mille francs. 10,000 fr.

A son nom, d'heureuse origine,
Sa beauté ne répond pas mal.
Est-ce la rose purpurine?
Non, c'est le bouton virginal.
Des amans le tendre langage
N'a jamais agité ses sens;
Etre jeune, jolie et sage,
Cela vaut bien vingt mille francs 20,000 fr

Ma Céleste, cherchant à plaire
De la mode observe les lois;
Mais et modiste et couturière
Se trouvent au bout de ses doigts.
En toilette point de dépense!
Je le demande aux soupirans,
Si cet article, en conscience,
Ne vaut pas trente mille francs. 30,000 fr.

De danser ma fille est bien aise,
Mais, ne voulant rien dépenser,
Dans sa chambre, avec une chaise,
Céleste s'amuse à walser.
Ni bal, ni spectacle, ni fête,
Combien ces trois points importans?
En connaisseur, je les arrête
Pour le moins à vingt mille francs. 20,000 fr.

Il s'en faut encor de vingt mille
Que je ne trouve mon total...
Un instant ! Céleste est docile
Son caractère est doux, égal ;
Jamais le plus léger nuage ;
De la bonté dans tous les temps ;
Ah ! de la douceur en ménage
Vaut, ma foi, bien vingt mille francs. 20,000 fr.

Total général, 100,000 fr.

UNE MÈRE A SA FILLE.

LE JOUR DE SON MARIAGE.

Air : J'ai vu partout dans mes voyages.

Puisque le dieu d'hymen t'engage,
Ma fille, écoute mes avis :
On est heureux dans son ménage
Lorsqu'on est toujours bien unis ;
Et si quelque léger nuage
Dans le tien s'élevait un jour,
Tu dois pour dissiper l'orage,
Redoubler de soins et d'amour.

'égoïste célibataire
Au nom d'hymen entre en courroux;
Il ignore qu'un tendre père
Jouit des plaisirs les plus doux;
Sous les lois de l'hymen sans peine,
S'écoulent des jours enchanteurs.
Si l'époux chérit une chaîne
Que l'épouse couvre de fleurs.

Heureux mille fois le ménag
Dont un enfant comble les vœux !
De tous deux c'est la vive image :
« Voilà ton front. — Voici tes yeux »
C'est ainsi qu'heureux père et mère
Vous vous exprimerez un jour,
Et ce fruit d'un hymen prospère
Semblera doubler votre amour.

COUPLETS

CHANTÉS PAR LES GENS DE LA NOCE.

Air du vaudeville de Comment faire?

UN PARENT.

Chantons, amis, chantons en chœur
Ces époux à qui leur tendresse
Promet un éternel bonheur;
Amis, partageons leur ivresse!

LE PREMIER GARÇON DE NOCE.

Dans cinquante ans, de ce beau jour
Quand nous ferons l'anniversaire,
L'amour filial, à son tour,
Célébrera leur sort prospère.

TOUTE LA NOCE.

Chantons, amis, etc.

UNE DAME.

Jeunes garçons, il faut ainsi
Prendre chacun femme gentille;
Car leur hymen vous prouve ici
Que le bonheur n'est qu'en famille.

TOUTE LA NOCE.

Chantons, amis, etc.

UN AMI.

Heureux parens, agréez tous
Notre remercîment sincère
De nous avoir, dans ces époux,
Offert un tableau fait pour plaire.

TOUTE LA NOCE.

Chantons, amis, chantons en chœur
Ces époux à qui leur tendresse
Promet un éternel bonheur;
Amis, partageons leur ivresse!

A UNE JEUNE MARIÉE.

Air : J'étais bon chasseur autrefois.

Enfin, au gré de nos désirs,
L'hymen va couronner ta tête :
Nouveaux devoirs, nouveaux plaisirs,
Voilà ce que ce dieu t'apprête;
Pour toi tout change, et dès demain,
Par une douce expérience,
Tu diras : Du soir au matin,
Ah! bon dieu, quelle différence!

Aujourd'hui ton heureux époux,
Brûlant et d'amour et d'ivresse,
N'aspire qu'à l'instant si doux
Qui doit te prouver sa tendresse.
Ah! puisses-tu de tes sermens
Regrettant la vive éloquence,
Ne pas dire dans quelque tems :
Ah! bon dieu, quelle différence!

Unis par l'âge et par le cœur,
Que peut-il vous manquer encore ?
L'âge fuit, c'est un grand malheur ;
Mais le cœur reste à son aurore.
Vieux, on s'aime toujours autant,
Soit habitude, soit constance ;
On se le prouve moins souvent,
Voilà toute la différence.

IL FAUT DES ÉPOUX ASSORTIS.

Air connu.

Il faut des époux assortis
Dans les liens du mariage :
Vieilles femmes, jeunes maris,
Feront toujours mauvais ménage.
On ne voit point le papillon
Sur la fleur qui se décolore :
Rose qui meurt cède au bouton
Les baisers de l'amant de Flore.

Ce lien peut être plus doux
Pour un vieillard qu'amour enflamme;
On voit souvent un vieil époux
Être aimé d'une jeune femme.
L'homme à sa dernière saison,
Par mille dons peut plaire encore :
Ne savons-nous pas que Titon
Rajeunit auprès de l'Aurore?

Aux époux unis par le cœur,
Le temps fait blessure légère
On a toujours de la fraîcheur
Quand on a le secret de plaire.
Rose qui séduit la matin,
Le soir peut être belle encore :
L'astre du jour, à son déclin.
A souvent l'éclat de l'aurore.

TABLEAU D'UNE NOCE.

Air : Aimons les amours

Oui, je l'avouerai sans détour,
J'aime ce jour
De plaisir et d'amour.
Loin d'être ennuyeux,
A mes yeux,
Ce vieux tableau
Paraît toujours nouveau.
Dès le matin
Chacun s'apprête ;
Et bientôt je vois en habit de fête,
Accourir l'ami, et le voisin,
Etle grand oncle, le petit cousin ;
L'heure sonne, on part
Sans retard ;
L'autel reçoit les sermens
Des amans ;
Deux fois
L'anneau change de doigts.

Ils sont unis,
Attendris
Et bénis !
La table est prête, on se rassemble,
Buvant, criant
Et riant
Tous ensemble.
On applaudit
Le bel esprit,
Qui s'est chargé
Du couplet obligé.
J'entends le son du violon :
Chacun se place, et déjà,
Le papa,
Par le ménuet
D'Exaudet,
Ouvre le bal
D'un air patriarchal.
Mais du repos l'instant arrive :
A minuit,
Sans bruit,
Le mari s'exquive ;
Sa jeune épouse qui le suit,
Tremble rougit ;

Pourtant elle sourit.

Mais maman ! — Oui, ma fille, croyez-en votre mère, c'est pour votre bonheur ; allons donc, ne faites pas l'enfant.

Oui, je l'avouerai sans détour, etc.

LE CONVIÉ OPTIMISTE.

Air à faire.

Chaque jour d'austères censeurs
A notre siècle font outrage ;
A les entendre, plus de mœurs,
Plus d'amour dans le mariage...
A tort, messieurs les beaux esprits,
Vous critiquez ainsi les hommes ;
Il est encor de bons maris
Dans le siècle où nous sommes.

C'est contre les femmes surtout
Que s'exerce votre critique :
« Elles n'aiment plus rien par goût ;

« C'est caprice, ou bien politique. »
Quoique vos discours, vos écrits,
Disent qu'elles trompent les hommes,
On en voit aimer leurs maris
Dans le siècle où nous sommes.

Peut-être direz-vous encor,
Que dans l'union des familles
Nos bons aïeux du siècle d'or
Laissaient libre le choix des filles ;
Mais nos pères pour leurs enfans
Sont-ils donc de si méchans hommes?
Moi, je connais de bons parens
Dans le siècle où nous sommes.

Tout le temps passé ne vaut pas
Une heure de cette journée ;
Puisque dans nos joyeux ébats
Au bonheur elle est destinée :
Sans m'informer si nos aïeux
Furent les plus heureux des hommes,
Je sens qu'on peut l'être autant qu'eux
Dans le siècle où nous sommes.

LE MARIAGE CONCLU.

Air de l'Amoureux de quinze ans.

Not' d'moiselle a dit oui,
La v'là donc madame ! (bis.)
Not' d'moiselle a dit oui,
La v'là donc madame !
J'en suis réjoui.
Le marié tout satisfait
Dit : v'là donc ma femme !
La v'là donc ma femme !
Le marié tout satisfait :
On lit dans son âme
Queu bien ça lui fait.

Un mariage où gnia que l'bien,
C'est pas l'bon système ;
Un mariage où gnia que l'bien,
C'est pas l'bon système,
Ça n'va jamais bien.
Gnia pas d'bien qui soit meilleur

Que l'queuqu'un qu'on aime.
Gnia pas d'bien qui soit meilleur
Que d'bailler de même
Un cœur pour un cœur.

Quand on est ben amoureux,
Ah ! qu'on est ben aise !
Quand on est ben amoureux,
Ah ! qu'on est ben aise !
On a d'senfans à tous deux,
Et tous ça vous baise !
On a d'senfans à tous deux ;
Ça fait qu'on est aise,
Même quand on est vieux.

UNE MÈRE A SA FILLE.

Air de Sylvain.

Ne crois pas qu'un bon ménage
Soit comme un jour sans nuage :
Le meilleur même au village,
A ses peines, ses soucis.

Mais les grâces de ton âge
Les ont bientôt éclaircis.
L'homme est fier, il est sauvage ;
Mais dans un doux esclavage
Quand c'est l'amour qui l'engage,
Il perd toute sa fierté,
Il renonce à son empire ;
C'est en vain qu'il en soupire,
Un regard sait le séduire ;
Il ne faut, pour le réduire
Qu'un souris de la beauté.
Une femme jeune et sage,
A toujours tant d'avantage !
Elle a pour elle en partage
L'agrément et la raison :
Douce humeur et doux langage
Font la paix de la maison.

LE JOUR DE NOCE.

Air : Allez-vous-en, gens de la noce.

Lorsque l'on prend femme jolie,
On brûle d'être son époux,
Et pour qu'un bon contrat nous lie,
Chez le notaire rendons-nous ;
Puis après la cérémonie
Chacun de nous s'apprêtera,
Après cela
On reviendra,
L'on dînera,
L'on dansera,
S'amusera,
Se couchera,
Et cœtera.

TOUS.

Lorsque l'on prend, etc.

LE MARIAGE ET LA POSTE.

Air : C'est l'amour, l'amour.

Flic, flic, flac, flac, flac, roulez
En poste l'hyménée !
Et que, dans cette journée,
Tous vos vœux soient comblés.

L'épouse aimable, jeune et sage,
Mais heureuse en ce doux instant,
Pour faire ce joli voyage,
Monte en voiture en rougissant....
Elle embrasse son père,
Sa mère, ses amis ;
On ferme la portière,
Et les voilà partis.

Flic, flic, flac, flac, flac, roulez
En poste l'hyménée !
Et que, dans cette journée,
Tous vos vœux soient comblés.

Sur la route du mariage,
Les relais seront bien servis,
Car l'époux connaît son ouvrage ;
Je le vois dans ses yeux ravis :
Les amours intrépides
Mènent les mariés,
Et je vois que les guides
Vont être bien payés.

Flic, flic, flac, flac, flac, roulez
En poste l'hyménée !
Et que, dans cette journée,
Tous vos vœux soient comblés.

JE ME MARIE.

Air du Prisonnier.

Oui, c'en est fait, je me marie,
Je veux vivre comme un Caton,
S'il est un temps pour la folie,
Il en est un pour la raison.
Pour le mariage,
Une fille sage

Peut, dans mon ménage,
M'offrir le bonheur.
Bientôt cette belle,
Et douce et fidèle,
Sait fixer près d'elle
Mes pas et mon cœur.

Oh ! c'en est fait, je me marie,
Je veux vivre comme un Caton ;
S'il est un temps pour la folie,
Il en est un pour la raison.
Chez moi tout prospère;
Cette épouse chère
Me rendra le père
D'aimables enfans !
Ma main les caresse;
Bientôt leur jeunesse
Donne à ma vieillesse
Les plus doux instans
Oui, donne à ma vieillesse
Les plus doux instans.

Oui, c'en est fait, etc.

UNE PETITE FILLE

A LA NOCE DE SA SOEUR.

Air du vaudeville de l'Homme vert.

Lorsque l'on est petite fille,
Personne, hélas ! ne pense à vous ;
Dès qu'on devient grande et gentille,
Les amoureux arrivent tous.
En attendant ce jour prospère,
Je puis bien en parler, je croi...
Je n'y penserai plus mon père,
Quand on y pensera pour moi.

MÊME SUJET.

Air du rondeau d'Adolphe et Clara.

Jeunes filles qu'on marie,
Que n'ai-je, hélas ; vos quinze ans ;
Ah ! cet âge que j'envie,
Se fait attendre longtemps.

A quinze ans, les demoiselles
Ont des bijoux, des dentelles ;
On leur présente un époux
Qui, toujours auprès de vous,
Soupire et fait les yeux doux...
Car voilà comme ils sont tous.
Toujours des robes nouvelles
Et des bijoux !.. c'est charmant !
Je me dis en y pensant :
Jeunes filles, etc.

Moi, je veux, je le répète,
Avoir un mari charmant,
Vif, aimable, bien galant,
Et qu'il ait une épaulette...
Ah ! si j'avais quatorze ans,
On m'offrirait son hommage ;
Mais dix ans ! ah ! quel dommage !
Oui, je dois, je le sens
Dire encore longtemps :
Jeunes filles, etc.

UNE MÈRE DE FAMILLE

A LA NOCE D'UN DE SES ENFANS.

Air : Jeunes amans, cueillez des fleurs.

Lorsque l'amour unit deux cœurs,
La gaîté préside à la fête;
C'est à ses attraits enchanteurs
A la rendre vraiment complète.
Je me crois encor à vingt ans
En ce jour pour nous si prospère;
Ah! le bonheur de ses enfans
Rajeunit toujours une mère.

LE PÈRE DE LA MARIÉE.

Air : V'là c'que c'est qu'd'aller au bois.

Mon Dieu! mon Dieu! quel embarras
Qu' d'avoir un' fille sur les bras!

On se dit dès son plus jeune âge :
Sera-t-elle sage?
Heureuse en ménage ?
Pendant quinze ans on n' pens' qu'à ça...
V'là c' que c'est que d'êt' papa.

A quatre ans, quel maudit sabbat !
Ça crie, ou ça mord, ou ça bat.
Pour rendre l'espiègle muette,
On lèv' la jaquette,
On soufflette, on fouette...
Puis un baiser vient gâter ça,
V'là c' que c'est que d'êt' papa.

A huit ans, ça veut babiller,
Ça veut trancher, ça veut briller ;
Soir et matin, la p'tit' coquette
N'rêve que toilette...
Il faut qu'on achète
Colliers par-ci, brac'lets par-là :
V'là c' que c'est que d'êt' papa.

C'est à douze ans qu' faut voir venir
Des maîtres à n'en plus finir ;
Danse, dessin, musique, histoire

Enflent la mémoire...
C'est la mer à boire ;
Au bout du mois faut payer ça :
V'là c' que c'est que d'êt' papa.

Mais, p'tit à p'tit, v'là qu'ça grandit,
Qu' ça s'embellit, qu'ça s'arrondit...
D' not' fille on vante la figure,
L'esprit, la parure,
Le ton, la tournure,
Et nous mordons à c't hameçon là :
V'là c' que c'est que d'êt' papa.

Un beau garçon s' présente enfin,
Doux, honnête, et l' cœur sur la main,
D' plaisir, d'amour son cœur pétille.....
Il plaît à la fille,
A toute la famille...
L' père, enchanté, dit : Touchez là...
V'là c' que c'est que d'êt' papa.

Les bans sont bientôt publiés
Et les jeunes gens mariés :
Au Cadran-Bleu l'festin s'ordonne ;
Tandis qu'il se donne,

L' mari déraisonne,
En pensant qu'un jour il dira :
V'là c' que ç'est que d'êt' papa.

A la fin du joyeux repas,
Au couple heureux on tend les bras :
L'un, quittant sa place et son verre,
Saute au cou d'la mère ;
L'autre, au cou du père,
Qui pleure et dit, en voyant ça :
V'là c'que c'est que d'êt' papa.

LE MARIAGE

D'UNE BLANCHISSEUSE.

Air de la découpure.

Mon Dieu ! le beau jour que voilà !
De la belle Hélène
L'hymen a serré la chaîne;
Mais pour adoucir ce nœud-là
A son époux Jean, ce soir l'Amour dira :

Savonnez, savonnez, savonnez çà,
Le dieu de Cythère,
En a fait un point nécessaire ;
Savonnez, savonnez, savonnez çà,
Hélène
Sans peine
Vous secondera.

A ce mot, voyez-vous déjà
Le rouge à l'ébène
S'unir sur le front d'Hélène ?
Pour fondre ces deux couleurs là,
A son époux Jean, ce soir l'Amour dira :
Blanchissez, blanchissez blanchissez-la ;
Mais que la lessive,
Soit vive,
Active
Et passive.
Blanchissez, blanchissez, blanchissez-la ;
Hélène
Sans peine
Vous secondera.

Des fers dont l'hymen vous dota,
Époux, en ménage,

Sachez faire un bon usage ;
Chauffez fort, n'oubliez pas çà ;
L'Amour près d'Hélène à chaque instant dira
Repassez, repassez, repassez-là
Femme la plus sage
Aime toujours le repassage ;
Repassez, repassez, repassez-la,
Hélène
Sans peine
Vous secondera.

MARIONS-NOUS.

Air : Mais papa toute la nuit.

Mon père toute la nuit,
Je vois, en rêve, un fantôme
Rôder auprès de mon lit,
Sous les traits d'un beau jeune homme.
« Marions, marions marions-nous,
» Croyez-moi, dit le fantôme ;
» Marions, marions marions-nous,
» Je serai fidèle époux. »

Un berger des alentours,
De ce fantôme est l'image
Et sa bouche, tous les jours,
Me tient le même langage :
« Marions, marions, marions-nous,
» Me dit cette aimable image;
» Marions, marions, marions-nous
» Tout amant veut être époux. »

Le père ne consent pas
A cette union gentille;
Mais le fantôme tout bas
N'en dit pas moins à la fille :
« Marions, marions, marions-nous,
» Je suis jeune, et vous gentille;
» Marions, marions, marions-nous,
» Sans père on peut être époux. »

Qu'en advient-il ?... Maintenant,
Cela se voit au théâtre;
Toute fille à son amant
Lui dit, d'un ton folâtre :
« Marions, marions, marions-nous,
» A la mode du théâtre;
» Marions, marions, marions-nous,
» Un amant vaut un époux. »

Puis, quand vient le dénoûment,
Brûlant d'une honnête flamme,
Et pour finir poliment,
Le mari dit à sa femme :
« Marions, marions, marions-nous,
» Couronnez ma longue flamme ;
» Marions, marions, marions-nous,
» Un père doit être époux. »

GARÇON A MARIER.

AIR à faire.

Mam'selle êt'-vous lass' d'êt' fille,
Moi j'sis las d'être garçon ;
J'sis l'dernier de ma famille,
I' m'en faut queuq' p'tit r'jeton.
Pour entrer dans l'mariage,
J'nai pas l'sou, ... mais, jarnigoi !
J'aurai l'cœur à l'ouvrage,
Voulez-vous de moi ?

J'sis taquin, j'gronde, j'rabâche ;
Si j'dis oui, n'faut pas dir' non ;

Quand ça m'fait plaisir, je m'fâche,
Soit qu'j'aie ou tort ou raison :
Si l'on m'résist', mon usage
C'est d'taper,... mais jarnigoi !
J'aurai l'cœur, etc.

J'aime à boire à tasse pleine,
Et j' m'enivre dès que j'bois ;
Un' fois chaque jour de la s'maine,
Et le dimanche deux fois ;
J's'rai jaloux dans mon ménage,
A fair' peur,... mais jarnigoi !
J'aurai l'cœur, etc.

GRANDE LEÇON

DONNÉE AUX CÉLIBATAIRES.

Air de la ronde de Saint-Malo.

Si l'cauch'mar allait vous prendre,
Monsieur, pour vous réveiller,
Vous j't'rait, sans se faire attendre
Un verr' d'eau sous l'oreiller.

Vraiment, (bis.)
De peur d'accident,
On fait beaucoup mieux
De coucher deux.

Jeanne, avant son mariage,
Seule craignait les voleurs ;
Depuis qu'elle est en ménage,
Jeanne n'a plus de frayeur.
Vraiment,
De peur d'accident,
On fait be ucoup mieux
De coucher deux

CONSEILS D'UN PÈRE
A SA FILLE,
LE JOUR DE SON MARIAGE.

Air : Pour la baronne.

Fille chérie,
Qu'Hymen a soumise à ses lois,
L'époux auquel ton choix te lie,

D'un père aujourd'hui prend les droits,
Fille chérie.

Mais ma tendresse,
Qui toujours veille à ton bonheur,
Des doux conseils de la sagesse
Peut encore éclairer ton cœur
Et ta jeunesse.

Près de ton père
Tu passas tes premiers beaux jours;
Que ta chaîne te sois légère,
Et tu croiras être toujours
Près de ton père!

De ton enfance
Les arts occupaient les loisirs;
Leurs charmes, faits pour l'innocence,
Te rappelleront les plaisirs
De ton enfance.

Épouse amante,
Veux-tu compter d'heureux instans?
Sois douce, bonne, complaisante;
C'est le moyen d'être longtemps
Épouse amante.

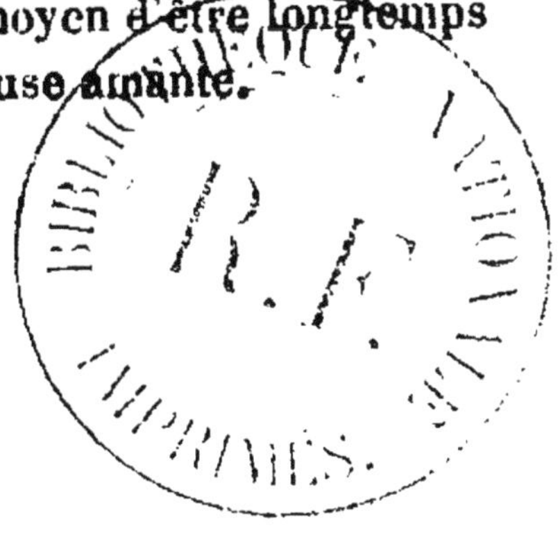

A toujours plaire,
Applique tes efforts constants :
Femme d'un heureux caractère,
Qui joint aux grâces des talens,
Sait toujours plaire.

Tu seras mère,
Pour le bonheur de ton époux ;
Alors, tu le sauras, ma chère,
Il n'est pas de bien aussi doux
Que d'être mère

Dans ton ménage,
Que les soins dus à tes enfans,
Mère sensible, épouse sage,
Occupent tes plus doux instans
Dans ton ménage.

CHANSONS POUR BAPTEMES.

LE COMMENCEMENT DU VOYAGE,

CHANSON CHANTÉE SUR LE BECEAU D'UN ENFANT NOUVEAU-NÉ.

Air du vaudeville des Chevilles de maître Adam.

Voyez, amis, cette barque légère
Qui de la vie essaie encor les flots,
Elle contient gentille passagère;
Ah! soyons-en les premiers matelots.
Déjà les flots l'enlèvent au rivage,
Que doucement elle fuit pour toujours.
Nous, qui voyons commencer le voyage,
Par nos chansons égayons-en le cours.

Déjà le sort a soufflé dans les voiles;
Déjà l'espoir prépare les agrès,
Et nous promet, à l'éclat des étoiles,
Une mer calme et des vents doux et frais.
Fuyez, fuyez, oiseaux d'un noir présage:
Cette nacelle appartient aux amours.

Nous qui voyons commencer le voyage,
Par nos chansons égayons-en le cours.

Au mât propice attachant leurs guirlandes,
Oui, les amours prennent part au travail.
Aux chastes sœurs on a fait des offrandes,
Et l'amitié se place au gouvernail,
Bacchus lui-même anime l'équipage,
Qui des plaisirs invoque le secours.
Nous qui voyons commencer le voyage,
Par nos chansons égayons-en le cours.

Qui vient encor saluer la nacelle ?
C'est le malheur bénissant la vertu,
Et demandant que du bien fait par elle
Sur cet enfant le prix soit répandu.
A tant de vœux dont retentit la plage,
Sûrs que jamais les dieux ne restent sourds,
Nous, qui voyons commencer le voyage,
Par nos chansons égayons-en le cours.

DORS! DORS!

Air connu.

A l'instant qu'il reçoit le jour,
L'enfant est bercé par sa mère ;
Elle le présente à son père,
Qui veut le bercer à son tour.
Chacun lui sourit, le caresse
Chacun s'intéresse à son sort :
A cet âge heureux on s'endort,
Toujours bercé par la tendresse.
Dors.... dors.... dors...

Il grandit : son sensible cœur
Palpite au seul nom d'une femme,
Il aime, et bientôt il enflamme
L'objet digne de son ardeur.
Est-il une plus douce vie !
C'est là sans doute l'âge d'or :
Heureux chaque soir, il s'endort
Bercé par la main d'une amie.
Dors..., dors.... dors....

Le tendre amour fuit sans retour,
L'homme a besoin d'une chimère;
La fortune, hélas! trop legère,
Le berce et la nuit et le jour;
L'âge mûr ressemble à l'enfance;
Le vieillard, au lit de la mort,
Pour la dernière fois s'endort
Bercé par la douce espérance.
Dors.... dors.... dors....

LA NAISSANCE D'UN FILS.

Air : Patrie, honneur (de la Somnambule).

Gentil enfant, qu'à deux époux chéris
Le ciel donne [illegible] premier gage,
De leur hymen, a [illegible] attendris,
Tu viens offrir une vivan[illegible]age.
Croîs, bel enfant, et sois bercé toujours
Par les plaisirs, les jeux et les Amours.

De l'Amitié, qui vient à ton berceau,
Le baiser pur accueillit ta naissance;

Et sur ton front elle imprima le sceau
De ce bonheur que donne l'innocence.
Croîs, bel enfant, etc.

Bénis ta mère : elle n'a pas pour toi
Salarié le sein d'une étrangère ;
De t'allaiter elle se fit la loi,
Et tout-à-fait jura d'être ta mère.
Croîs, bel enfant, etc.

Reconnais-la ; chaque jour, dans ses yeux
Montre-lui bien que les tiens savent lire :
Qu'elle ait, pour prix de tant de soins pieux,
Tes premiers mots et ton premier sourire.
Croîs, bel enfant, etc.

Un jour sans doute un autre sentiment
Pour la beauté doit naître dans ton âme :
De la vertu que ce feu d'un moment
Laisse en ton cœur vivre la douce flamme.
Croîs, bel enfant, etc.

De la sagesse écoute un peu la voix ;
Plie en riant sous le joug qu'elle impose :
C'est à ce prix qu'elle permet parfois,

Sans l'effeuiller, que l'on cueille la rose.
Croîs, bel enfant, etc.

De ton pays les exploits, les malheurs
Seront bientôt gravés dans ta mémoire :
Fuis des lauriers qu'on arrose de pleurs ;
Pour vivre heureux, vis utile et sans gloire.
Croîs, bel enfant, et sois bercé toujours
Par les plaisirs, les jeux et les Amours.

LE BONHEUR DE LA PATERNITÉ.

Air d'Aristipe.

Heureux celui qui du doux nom de père
S'entend bénir à chaque instant !
Qu'il soit ou non isolé sur la terre,
Il n'est plus seul s'il possède un enfant ;
A la douleur quand son ame succombe,
La main est là qui doit sécher ses pleurs ;
Et lorsqu'il meurt, il sait que sur sa tombe
Quelqu'un du moins viendra jeter des fleurs.

FIN.

TABLE.

CHANSONS POUR NOCES.

CHANSONS POUR BAPTÊMES.

Paris. — Imp. de Pommeret et Moreau, quai des Augustins, 17

www.ingramcontent.com/pod-product-compliance
Ingram Content Group UK Ltd.
Pitfield, Milton Keynes, MK11 3LW, UK
UKHW021548260726
13993UKWH00002B/705